L'Art Secret d'Alchimie
par Mère Nature

Déjà paru aux mêmes Éditions
Du même auteur

La Voix du Phénix. Traité pratique d'Alchimie Interne et de Théurgie.

Lu-Sem Yoga par NELJORPA SHENPEN ZANGPO.

―――

Rituel de l'Ordre Martiniste dressé par TÉDER.

Un Mystique Lyonnais et les Secrets de la Franc-Maçonnerie - Jean-Baptiste Willermoz - 1730-1824 par Alice JOLY. Avant propos et index par Antoine Faivre.

Ecce Homo - Le Cimetière d'Amboise - Stances sur l'origine et la destination de l'homme par Louis-Claude de SAINT-MARTIN.

Recherches sur le Rite Écossais Ancien et Accepté, précédées d'un historique de l'origine et de l'introduction de la Franc-Maçonnerie en Angleterre, en Écosse et en France par Jean-Émile DARUTY.

Dictionnaire des hébraïsmes et d'autres termes spécifiques d'origine française, étrangère ou inconnue dans le Rite Écossais Ancien et Accepté par Michel SAINT-GALL.

Les Incantations, le Logos humain, la Voix de Brahma, les Sons et la Lumière astrale, Comment on devient Enchanteur par SÉDIR.

Histoire du Grand Orient de France par A.-G. JOUAUST. Préface et index par Alain Bernheim.

Les Enseignements Secrets de Martinez de Pasqually par Franz Von BAADER, précédés d'une Notice historique sur le Martinézisme et le Martinisme.

Les Rituels Magiques de l'Ordre Hermétique de la Golden Dawn par Jean-Pascal RUGGIU.

Les Symboles Maçonniques d'après leurs sources, suivi de, La Métaphysique de la Genèse et du Temple de Salomon par Patrick NÉGRIER.

Ouvrages d'Armand Bédarride

Le Travail sur la Pierre Brute.

Règle et Compas.

Les Mystères de l'Étoile Flamboyante - La Lettre G - suivi de Le Secret de la Lettre G - Rose et Croix - Les Croix Symboliques par Vladimir NAGRODZKI.

Le Livre d'Instruction du Rose-Croix.

Le Livre d'Instruction du Chevalier Kadosh.

Ouvrages de José Bonifacio

En Quête de la Parole Perdue. Franc-Maçonnerie et Kabbale Initiatique.

Les Clefs de la Parole Perdue.

Au-delà de la Parole Perdue. V.I.T.R.I.O.L.

Ouvrages de Papus

Ce que doit savoir un Maître Maçon.

Louis-Claude de Saint-Martin, sa vie, sa voie théurgique, ses ouvrages, son œuvre, ses disciples.

Bernard Fréon

L'Art Secret d'Alchimie
par
Mère Nature

La Voie Alchimique du Corps de Gloire

Commentaire
selon l'alchimie interne des 50 figures emblèmatiques
de L'Atalante Fugitive de Michel Maïer.

ÉDITIONS TÉLÈTES
PARIS
1991

Tirage limité à 1000 exemplaires sur vergé édition ivoire

Il a été tiré de cet ouvrage 15 exemplaires
hors commerce sur Ingres mbm d'Arches numérotés de
I à IV Grands papiers réservés aux Éditeurs,
et de 5 à 15 constituant le tirage de tête

═══

Si vous désirez être tenu au courant de nos publications

veuillez nous adresser votre carte.

ÉDITIONS TÉLÈTES

51, rue La Condamine, 75017 Paris

ISBN : 2-906031-22-4

© ÉDITIONS TÉLÈTES, 1991

Avant-propos

E commentaire inspiré d'*Atalante Fugitive* que nous présente Bernard Fréon, en terme d'Alchimie interne du corps de gloire ne sera pas sans doute d'une compréhension aisée pour la majorité des lecteurs, fussent-ils des "ésotéristes", qui pour la plupart étant issus des divers courants du néo-spiritualisme contemporain n'ont jamais eu accès à la voie d'accomplissement métaphysique de l'authentique Hermétisme.

L'ouvrage *L'Art Secret d'Alchimie par Mère Nature* témoigne de la pérennité de l'antique Tradition perpétuée occultement par un sacerdoce solaire initié aux Mystères de la Nature et dont l'enseignement ne se transmet pas à travers un corpus de croyances, mais à travers l'expérience illuminante de la présence et de la clarté de la conscience agissant substantiellement au-delà du bien et du mal, là où le corps devient lumière et où la conscience se fait corps.

                    Abraxas
                    Magister Gnosticus

La voie alchimique
du Corps de Gloire

A tradition alchimique et hermétique occidentale est la perpétuation des anciens Mystères égyptiens. Des égyptiens elle passa aux grecs, puis aux néo-platoniciens et aux philosophes arabes, par l'intermédiaire desquels elle parvint en Europe au XIIe siècle, à l'époque des croisades, grâce aux contacts qui s'établirent entre les croisés et divers courants ésotériques du Moyen-Orient.

Il est probable que l'alchimie égyptienne soit d'origine indienne. Concernant l'éventualité d'une étroite parenté entre l'ésotérisme hermétique de l'Égypte et la tradition indienne, Jean-Louis Bernard, dans son ouvrage *Histoire secrète de l'Égypte* nous rapporte plusieurs éléments en cette faveur.

« Le témoignage grec le plus intéressant est celui d'Apollonius de Tyane (I^e siècle de notre ère) qui visita l'Inde jusqu'à l'Himalaya, et l'Égypte au-delà de la première cataracte. Sa vie, écrite d'abord par un disciple, compagnon de tous ses voyages, œuvre perdue, avait été réécrite sur cette base et sur d'autres témoignages par Philostrate, sous le règne de Septime Sévère. Au cours de son périple à travers l'Inde, le sage Apollonius séjourna dans une lamaserie[1] sous-himalayenne et s'y entretint avec ses pairs. Ceux-ci se souvenaient de l'histoire très ancienne de leurs pays ; et leur chef et porte-parole évoqua ainsi la création de l'Égypte :

Il y avait un temps où les éthiopiens habitaient dans ce pays, car c'était une race indienne ; l'Éthiopie n'existait pas encore, mais les frontières de l'Égypte dépassaient Méroé et les cataractes, incluant d'une part les sources du Nil et de l'autre s'étendant jusqu'à ses embouchures.

---
1 Il serait plus judicieux d'employer le terme *ashram* en rapport avec la tradition indienne. Une lamaserie désignant une communauté religieuse de lamas soit de prêtres appartenant à la tradition du bouddhisme tibétain introduit au Tibet au VIIe siècle après J.C.

En somme l'Égypte avait été, selon le sage indien, une colonie de ces éthiopiens originaires de l'Inde. Partis des sources du Nil, ceux-ci dominèrent la vallée qui devenait pour eux un nouveau Gange ! »[1].

Le caractère de l'hermétisme alchimique occidental est intimement lié au triple mystère de la renaissance de l'esprit, de l'âme et du corps, tout comme dans les traditions himalayennes où le but de l'ascèse initiatique est de créer chez l'adepte les conditions d'une immortalité physique ou tout au moins d'assurer la pérennité de la conscience après la mort, grâce à la réalisation du corps de gloire solaire, ou corps de lumière.

En ce sens, l'alchimie opérative est en rapport étroit avec le corps d'énergie-conscience qu'il s'agit de faire passer du stade saturnien (le plomb) au stade solaire (l'or). Elle n'est pas un ensemble de recettes destinées à faire de l'or, ni un simple processus psychologique, mais bien un ensemble de processus microcosmiques en rapport avec l'intelligence et l'énergie de la vie cellulaire.

Les modalités opératoires de réaliser une intensification et une transmutation de la vie du microcosme humain constituent l'arcane hermétique, le "secret des Anciens", l'arcane alchimique du corps glorieux.

Bien qu'il soit possible de concevoir différentes modalités de survivance pour tout ou partie du phénomène complexe qu'est l'être humain, d'un point de vue authentiquement traditionnel, cela n'a aucun rapport avec l'immortalité, laquelle représente nécessairement un affranchissement et un dépassement de la condition humaine ordinaire.

L'Occident professa cette réalité initiatique jusqu'à l'antiquité hellénique, période au cours de laquelle les mystères furent démagogiquement profanés, déformés et dénaturés. Depuis lors un ensemble de croyances erronées s'est perpétué, soigneusement entretenu par les divers exotérismes religieux, serviteurs inconscients des forces dont le seul intérêt est de maintenir l'humain dans le "garde-

---

1 *Histoire secrète de l'Égypte*, p. 23-24.

manger" terrestre comme "bétail des dieux".

Aujourd'hui encore, les paroles de Platon sont tout à fait d'actualité ; à savoir : « que quiconque n'a pas reçu l'initiation, ne s'est pas épuré et parvient aux enfers, sombre dans la fange, et que seul pénètre l'Eternité, celui qui a mené une vie mystique »[1].

Le passage de la condition humaine mortelle à l'immortalité est possible à condition d'une transformation effective de la personnalité illusoire qui permet l'accès à l'état central de l'Être, à l'homme-réel.

Une telle réalisation est le but des enseignements hermétiques et de la mise en œuvre des procédures alchimiques par lesquelles l'adepte atteint à une renaissance après une mort volontaire. Toute l'œuvre externe et interne se résoud en trois phases : tout d'abord, la phase de dissolution qui se caractérise par la noirceur, puis le travail de purification qui s'achève avec la blancheur et enfin la rubification solaire où l'adepte atteint l'auto-libération en actualisant la nature originelle, pure et indestructible de la conscience.

Pour parvenir à la pure lumière de la conscience solaire, il est nécessaire de sortir de la vision dualiste en cessant de se croire un sujet connaissant séparé de l'objet connu. La réalisation de la véritable nature de l'esprit ne peut s'effectuer que par la conscience elle-même ; c'est-à-dire qu'il faut être la conscience, réaliser, intégrer que nous sommes déjà cette conscience-là.

Si le saut dans la conscience est bien la clé du problème, il ne peut être réussi sans l'abandon des croyances, le dépassement des divers déterminismes et la désidentification du phénomène humain.

« Votre premier devoir, mon enfant, dit Mejnour dont l'impassibilité correspondait à la froideur de ses paroles, est de réprimer toute pensée, tout sentiment, toute sympathie qui vous rattache à autrui. Le premier degré de la science est de faire de vous, de vous seul, votre étude et votre univers... Qu'importe alors le genre humain ? Perfectionner vos facultés, concentrer vos impressions, voilà désormais votre unique but »[2].

1 *Phédon.*
2 *Zanoni* de Bulwer Lytton, p. 225, Editions La Table d'Emeraude.

Dans tout homme, la conscience pure est présente mais elle est voilée, cachée par la structure égotique et son mode de comportement. L'ascèse alchimique interne et la réalisation du Grand Œuvre entraînent la transformation qui s'opère chez l'adepte en permettant sa renaissance dans la lumière de la conscience après la mort de sa personnalité illusoire. La nature accomplit ainsi ce à quoi elle est destinée.

Hélas trop souvent elle s'arrête en route, aussi l'homme doit-il entreprendre lui-même cet accomplissement pour réveiller en lui le dieu de lumière qu'il recèle.

Jadis, les initiations antiques menaient l'initié à cet accomplissement, au réel adeptat. Citons Apulée qui était passé par les mystères d'Isis : « J'ai approché le royaume de la mort, et après avoir franchi le seuil de Perséphone, déesse de la mort, j'ai traversé tous les éléments et je suis revenu. Au milieu de la nuit, j'ai vu le Soleil lancer d'éclatants rayons, j'ai approché les dieux du monde inférieur et supérieur et je les ai adorés face à face. Voici, je t'ai fait part de ce que tu ne peux comprendre, quoique tu l'entendes ».

Connaître dans la tradition hermétique est donc un "voir" libérateur auto-réalisant. C'est en ce sens que la connaissance est justement "hermétique" au sens propre de fermée car tant que l'on n'a pas été capable d'en faire l'expérience directe dans notre propre esprit, elle demeure inaccessible. Pour celui qui n'a pas vécu l'initiation, l'expérience de la mort ne peut se transformer en renaissance car il y fait défaut la connaissance, c'est-à-dire la conscience, un état de conscience ayant intégré préalablement le processus même de la mort au sein de la vie, intégration qui éveille l'adepte à l'éternité et fait de lui un véritable Osiris.

Tout homme est, de par son état primordial, un rayon de Ur-Osiris, mais il est tiraillé par les forces de l'ego et de la nature inférieure : Seth-Typhon. Incarné dans le corps terrestre qui lui fait office de cercueil, l'homme est jeté dans le fleuve de la vie perturbé par une multitude de «moi», expression d'une conscience en miettes, excentrée et obscurcie par le voile des pulsions et émotions perturbatrices.

C'est alors qu'Isis expression du pouvoir de cohésion qu'est l'amour inhérent à la conscience pure, aidée d'Anubis (la vision juste et intuitive), recherche et trouve les morceaux du corps d'Osiris, c'est-à-dire recentre et dévoile par là-même la conscience dans sa nature originelle, entraînant la naissance d'Horus : l'état de conscience-énergie-lumière, le corps de gloire solaire ou corps de lumière.

Le mystère d'Osiris est une représentation de l'initiation hermétique qui mène l'homme à l'adeptat grâce à la reconnaissance de la véritable nature de l'esprit, qui est présence ineffable de la clarté et de la conscience unies dans l'amour, dans l'écoulement éternel, ininterrompu de l'énergie.

L'homme qui devient lui-même un Osiris en passant par la mort consciente de l'initiation se retrouve exalté, magnifié en Horus qui tel un pur cristal émane les couleurs de l'arc en ciel. Si le cristal peut être symboliquement comparé à notre état primordial retrouvé, la lumière aux cinq couleurs de l'arc en ciel manifeste alors la dimension de notre énergie lorsqu'elle se trouve dans l'essence pure des cinq éléments. Cette pureté peut se manifester à l'adepte sous formes de sons et de visions colorées lumineuses et cristallines indiquant que le niveau ordinaire de conscience purifié par l'ascèse et recentré sur un des points secrets localisé dans le corps, s'est élevé dans le premier plan du monde subtil dont la contrepartie correspond dans le microcosme humain au corps lunaire[1].

Si ces phénomènes sonores et visuels en tant que manifestations de notre propre conscience et énergie sont importants comme signes de progrès, il est par contre capital de ne pas s'y attacher. Nous éviterons ainsi de bloquer le processus de dévoilement des six degrés de dualité menant au septième degré : l'unité.

Lorsque que la conscience se recouvre du voile des pulsions et émotions perturbatrices nées de l'attachement qui engendre le sens de la séparativité et donc de la dualité, l'énergie se densifie, la matière se manifeste, et l'homme reste prisonnier d'une vie illusoire comparable à un rêve.

---

1 Le lecteur pourra se reporter au chapitre intitulé l'anatomie occulte, dans *La Voie du Phénix* paru dans la même collection.

Les phénomènes tangibles et notre existence n'ont d'autre fondement que notre vision linéaire et dualiste.

Comprendre ceci et le réaliser dans notre expérience quotidienne est fondamental pour la réalisation du corps de lumière.

Cette compréhension est un arcane : un des mercures philosophiques, car notre état de conscience détermine toutes les formes que peut prendre notre existence. Tout comme le mercure qui est une substance aqueuse, mi-volatil, mi-fixe, la conscience peut se manifester et se manifeste à travers toutes les formes et phénomènes, étant extrêmement plastique. Mais auparavant elle doit être débarrassée de la gangue qui l'obscurcit et réapparaître dans son état de pureté originelle.

La conscience voilée : Osiris est enterrée dans l'homme. Celui-ci doit la chercher dans les ténèbres de son être terrestre, avec amour guidé par la vision intuitive, la vue juste, jusqu'à la trouver dans la rivière des énergies encloses dans le corps, puis Seth ayant découpé le cadavre d'Osiris en 14 parties, c'est-à-dire en 7 puissances actives et 7 puissances passives psycho-énergétiques : les 7 chakras polarisés en positif et négatif, par la puissance du feu de l'amour, il faut les réunir dans une même vibration d'énergie-conscience qui se caractérise par trois phases essentielles, à travers un parcour ascendant en sept degrés, afin que le phallus de feu d'Osiris dressé dans la colonne vertébrale de l'adepte copule avec la matrice d'Isis (le cerveau dans la coupe crânienne) et y engendre Horus. Ainsi l'adepte réalisé peut désormais dire de lui :

« Je suis l'Hier, l'Aujourd'hui et le Demain ; Je suis Geb-Osiris-Horus ! »

Soit en d'autres termes : « Je suis l'Un éternel et immuable qui a été, est, et sera ».

Geb est le dieu égyptien de la terre : Saturne, le corps terrestre, Osiris est la conscience voilée par les eaux lunaires : les émotions, passions, affections... Horus est le nouvel Osiris, la conscience épurée ayant retrouvé l'état original et le vêtement de lumière qui est le sien.

L'initié aux mystères d'Osiris, en passant par l'épreuve de la mort : "l'épreuve de la mise au tombeau" dans l'Osiréïon à l'aide de la présence de la conscience séparée du corps, dissout toutes les négativités du plan astral lunaire qui vont lui apparaître sous formes de diverses entités[1] et obtient la vision du Soleil levant, projection visuelle interne de l'émergence de sa conscience solaire, de l'état horien qui tel le divin faucon d'or s'élève dans l'espace céleste radiant et lumineux. "le Soleil s"est levé dans Saturne".

Mais avant d'arriver à vivre pleinement cette épreuve, il convient d'avoir reçu un enseignement préliminaire qui introduise directement à la nature de l'esprit, de sorte que celui-ci se dévoilant au cours de l'épreuve puisse être reconnu pour ce qu'il est, et non confondu avec une quelconque vision «mystique» née du plan lunaire.

L'introduction à la nature de l'esprit doit être faite par un maître qui l'a réalisée, au cours d'une transmission orale ou directement de l'esprit du maître à celui du disciple.

S'il est vrai que l'on peut faire seul quelques progrès spirituels, on ne peut cependant sauf pour de très rares individus exceptionnellement qualifiés dès leur naissance, aller bien loin dans le monde qui mène à l'Un.

De nos jours beaucoup se trouvent égarés par la lubie de la magie cérémonielle issue d'une pseudo-kabbale florissante dans des cénacles "rosicruciens", les fantaisies démagogiques du New Age, et l'occultisme mercantile.

Toutes ces manifestations de la décadence spirituelle de l'Occident, dont les causes ont été parfaitement analysées par divers auteurs tels que René Guénon ou Julius Evola, ne peuvent mener l'homme contemporain qu'à un plus grand degré d'ahurissement et de confusion.

Avant de s'engager dans une réelle ascèse, chacun se doit de se mettre en quête d'un véritable maître, et de s'écarter de toutes les formes de contrefaçons pour être à même de recevoir une transmission spirituelle valide et opératoire.

---

1 Ces entités qui se reflètent dans le plan astral lunaire se nourrissent de la vie nerveuse et émotionnelle de l'homme.

En Occident, les possibilités d'une telle transmission, bien qu'existantes, sont extrêmement rares et quasi inconnues. En effet, la plupart des courants initiatiques n'ont qu'une valeur symbolique et s'ils ont jusqu'à un certain point leur utilité, il n'en reste pas moins que, sur le plan opératif, étant désertés par le souffle de l'esprit créateur, ils sont parfaitement inefficaces.

De toutes façons, la gnose hermétique échappe aux différentes traditions plus ou moins institutionnelles et relève d'une présence a-normale, non conventionnelle, c'est-à-dire en dehors des normes, fussent-elles religieuses ou mystiques. Et ce, bien entendu, dans la mesure où la plupart des courants spirituels aujourd'hui connus se sont progressivement "exotérisés" en s'intégrant à la fausse culture dominante de la société des consommateurs. La spiritualité, l'ésotérisme sont devenus des objets de consommation parmi d'autres et de ce fait, ne sont plus des vecteurs fiables d'éveil et de réalisation. Il n'y a plus dans la plupart de ces "voies" qui font office de "cache-misère" que sublimation des aliénations et frustrations, recréation d'un univers phantasmagorique, enfermement inconscient dans une prison par excès d'autocontemplation, de suffisance et de vanité.

Comprendre ce qu'est la nature de l'esprit et la réaliser, c'est prendre conscience de ce qu'est notre véritable condition originelle. Pour parvenir à cette connaissance, après qu'un maître nous ait introduit dans la dimension de l'esprit, quatre points sont à prendre en considération :

- La pacification des émotions perturbatrices et pulsions permettant de traverser le plan astral lunaire et de se libérer de l'influence vampirique des dieux.

- La vue juste, la vision intuitive, par laquelle on perçoit et on comprend notre condition objective en relation avec l'intelligence solaire de l'Univers.

- La contemplation, qui nous permet d'intégrer, de stabiliser l'état objectif primordial et naturel.

- Le comportement, par lequel la conscience de notre état primordial doit s'intégrer dans notre vécu quotidien. L'attitude fait partie de la pratique et cette dernière doit gouverner notre comportement.

Quand le comportement et la pratique sont intégrés, on peut dire que la voie n'est plus un "faire", un concept, et l'individu se trouve ainsi qualifié pour vivre l'épreuve des mystères d'Osiris.

Vivre une initiation ou pratiquer quelque technique, que ce soit sans observer et découvrir l'état objectif de la conscience en nous, c'est marcher à tâtons dans le noir. On ne peut que s'égarer !

Aucune expérience n'est plus importante qui ne vienne de soi pour voir la réalité. S'observer soi-même et entrer dans la conscience est la première étape : « Connais-toi toi-même et tu connaîtras l'Univers et les dieux ».

La voie du Grand Œuvre est le dévoilement de la conscience-énergie vécu au travers de notre propre incarnation. Plus que l'étude d'une tradition ou d'une technique, c'est une façon de travailler sur soi pour atteindre l'état de l'homme-réel.

Cet état de notre nature originelle est situé au-delà du mental raisonnant et discursif. Il implique un saut dans l'abîme quantique, dans la présence conscience de l'énergie où tous les phénomènes s'originer et disparaissent finalement.

L'état de l'homme-réel, est celui de l'homme réintégré qui, en se libérant de toute la structure des sédimentations qui ont fait cette prison qu'est notre personnalité sociale, culturelle, affective,..., a réalisé dans sa chair l'état pur et indestructible de la conscience-énergie : le corps solaire, le corps de lumière.

Cet état est inaccessible sans la perte de la forme humaine. Tant que les automatismes mentaux, affectifs et pulsionnels qui suscitent une fixation au monde conventionnel n'ont pas été tranchés, la conscience solaire ne peut se révéler.

Si le candidat à l'initiation ne comprend pas et n'éprouve pas l'absolue nécessité qu'il y a de mourir à la vision ordinaire et dualiste de lui-même et du monde, à ses anciennes habitudes, mieux vaut pour lui ne rien entreprendre car il ne fera qu'entrer dans plus de confusion.

L'introduction préliminaire à la nature de l'esprit par un maître-guide qualifié permet au disciple de découvrir qu'entre deux pensées existe un intervalle de silence, et que cet intervalle est l'état de présence continue de l'écoulement de l'énergie-conscience.

Cette découverte est le corps de la voie de l'alchimie interne en rapport avec nous-même et notre état fondamental originel. Bien que sur cet aspect préalable de la voie, il n'y ait en réalité rien de particulier à faire, il existe néanmoins un certain nombre de pratiques destinées à nous aider à reconnaître l'évidente simplicité de notre véritable nature : "la permanence de la conscience-énergie originelle" : la présence.

Bien entendu, le résultat ne dépend pas seulement de l'enseignement ou des techniques, mais essentiellement du pratiquant qui doit être très conscient et actif. Ce n'est pas l'enseignement qui opère, mais l'individu qui se réalise en l'appliquant. Alors ce dernier se trouve dans la connaissance, dans l'état de présence inhérent à toute expérience.

La voie du corps de lumière est celle de l'art alchimique interne dont la mise en œuvre nécessite la réalisation préalable de l'état objectif de la conscience et l'initiation aux mystères d'Osiris.

Grâce à l'épreuve des mystères d'Osiris, l'adepte intègre au plus profond de lui-même l'état solaire et découvre nécessairement ce qui lui est corollaire : le secret de la manifestation de l'esprit à travers le monde phénoménal. Il est donc clair que l'homme se doit de découvrir la vie de l'esprit et ses qualités avant d'espérer la possession des secrets de l'incarnation et des substances qui la sustentent ; substances dont l'adepte apprendra à capter l'essence afin de purifier les éléments constitutifs de son entité, et dont il intégrera à sa conscience solaire la pure énergie par un acte de volonté vraie, alchimiquement transformateur.

Alors, tel l'Ouroboros, l'énergie et la conscience se dévorant et s'engendrant mutuellement demeureront dans l'éternel retour.

La voie alchimique interne est celle du retour à l'Un par lequel la conscience solaire s'actualise dans l'entité de l'adepte sous la forme du corps de lumière.

―――

A tradition de l'alchimie interne du corps de gloire est vieille de plus de cinq mille ans. Les adeptes la développèrent après avoir expérimenté les pratiques de l'alchimie externe et constaté que ses méthodes étaient le plus souvent peu fiables, voire dangereuses pour la santé. Aussi se tournèrent-ils vers la recherche et la compréhension des mystères propres à la vie humaine. C'est ainsi qu'ils découvrirent que le microcosme était en totale correspondance avec le macrocosme et qu'il contenait une puissance infinie et éternelle dont l'homme pouvait apprendre à tirer profit.

De toute évidence, pour parvenir à ce but, la nécessité d'arriver à la connaissance et au contrôle de l'Univers interne s'imposait. Leurs investigations les amenèrent à constater que dans le corps circulait une énergie intelligente qui assurait la vie de l'entité humaine et ses différentes activités.

Cette énergie n'était pas sans rapport avec la fonction sexuelle et, distillée par des pratiques appropriées en circulant à l'intérieur d'un réseau de canaux subtils dont un met plus particulièrement en connexion les trois corps de l'homme : Esprit - Ame - Corps Physique (☉ ☿ ♀), elle pouvait engendrer un corps d'énergie conscience, l'Ibis qui à travers différentes phases d'évolution arrivait à se coaguler en corps de lumière, le corps glorieux et solaire, assurant à son possesseur une très longue vie, bien au-delà des limites reconnues à tort comme normales, et la pérennité de la conscience après la mort du corps physique.

Les moyens de distiller cette énergie offrent un parallèle relativement proche des procédures de la voie métallique externe, sans pour autant être strictement identiques et comparables. La mise en œuvre de l'arcane, conjointement à un yoga approprié indispensable à la pleine réussite, entraîne la naissance de l'embryon philosophique dont la croissance amènera l'adepte à la réalisation du corps glorieux.

Si traditionnellement "les nouveaux emblèmes chymiques des secrets de la nature" : les 50 figures d'Atalante Fugitive de Michel Maïer illustrent une voie métallique, partant du principe que sur tous les plans la vérité est Une, nous avons osé tenter leur commentaire dans une perspective d'alchimie strictement interne : la voie du corps de gloire, pour donner aux yeux de l'intelligence l'objet de méditations appropriées à la compréhension d'une voie très ancienne et particulière du corps de lumière, dont la réalisation représente le but réel et ultime de toute voie authentiquement initiatique.

Michel Maier (1568-1622), médecin de l'empereur d'Allemagne Rodolphe II, fut l'un des plus grands hermétistes de la fin du XVIe siècle.

« L'empereur apprécia particulièrement la personnalité et les aptitudes de Michel Maïer et le nomma comte palatin. Après 3 ans passés à la cour, l'alchimiste entreprit de voyager pour parfaire ses connaissances.

En 1611, il séjourne à Amsterdam, puis il se rend en Angleterre où on a tout lieu de supposer qu'il rencontra le célèbre hermétiste Robert Fludd[1]. Il est de retour à Prague en 1616. Rodolphe II, son protecteur, étant mort durant cette absence, Michel Maier passe au service du Landgrave Auguste-Maurice de Hesse, également alchimiste qui ne tarda pas à l'honorer de la dignité de Chevalier.

Dès lors, Michel Maier va publier un grand nombre d'œuvres sur l'hermétisme qui témoignent d'une prodigieuse érudition ainsi que de sa haute initiation à l'œuvre physique »[2].

Outre *Atalanta Fugiens* 1617, on peut citer parmi ses écrits hermétiques les plus célèbres :

1   Robert Fludd fut le 33e Imperator des Frères Aînés de la Rose+Croix (F. A. R. C.).
2   E. C. Flammand, *Erotique de l'Alchimie*, p. 130, Le Courrier du Livre.

- Le *Tripus aureus* (Le Trépied d'or) 1618 -

- Le *Viatorum hoc est Montibus Planetarum Septem seu Metallorum* (Le Livre des voyages ou des sept montagnes planétaires métalliques) 1618 -

- La *Septimana Philosophica* (La Semaine Philosophique) 1620 -

- Les *Cantilenae intellectuales de Phenice redivivo* (Cantilènes intellectuelles sur la résurrection du Phénix) 1622 -

De plus, Michel Maier fut une figure importante du mouvement Rose+Croix détenteur de la tradition occidentale, à laquelle il consacra de nombreux écrits et qu'il présenta dans un manuscrit conservé à la bibliothèque de Leipzig, comme la continuité des Anciens Frères Mages ou Hommes Sages devenus l'Ordre des Frères de la Rose-Croix d'Or en 1570.

Dans les ouvrages suivants, Michel Maïer célèbre la noblesse et l'importance de la Fraternité Rose-Croix :

- *Apologeticus* (Apologie) 1617 dans lequel il démontre l'existence historique des Rose+Croix.

- *Silentium post clamores* (Le Silence après les huées) 1617 : une louange à la Fraternité.

- *Thémis aurea* (La Règle d'or) 1618, un exposé remarquable du code spirituel des Frères Rose+Croix.

Atalanta Fugiens fut terminée à Francfort-sur-Main en août 1617 et a été publiée la même année à Oppenheim par les soins de Jean-Théodore de Bry (1561-1623), l'un des fils du vieux graveur Théodore de Bry (1528-1598).

De l'édition de 1617 on ne connaît que deux exemplaires détenus, l'un par le British Museum, l'autre faisant partie du fond de la bibliothèque de feu le professeur Carl Gustav Jung à Küsnacht.

La seconde édition de 1618 reproduite récemment par les soins de M. L. H. Wüthrich (Cassel et Bâle - 1964) est la plus connue.

Le cœur d'*Atalanta Fugiens* est représenté par ses cinquante gravures dont la qualité artistique est évidente comme l'est leur valeur Hermétique attestée par un authentique adepte bordelais du XVIIe siècle, Jean d'Espagnet :

« Les philosophes, dit-il, s'expriment plus volontiers et avec plus d'énergie par un discours muet, c'est-à-dire par des figures allégoriques et énigmatiques, que par des écrits... De ce nombre sont les emblèmes de Michel Maier qui y a enfermé et comme expliqué si clairement les mystères des Anciens qu'il n'est guère possible de mettre la vérité devant les yeux avec plus de clarté »[1].

« Que le lecteur ne se laisse pas déconcerter par l'abondance de ces images, mais qu'il se souvienne que chaque nouvelle figure ne fait que représenter un autre aspect du secret divin qui réside dans toutes les créatures »[2].

---

1   Espagnet, *Arcanum Hermetica philosophiae* opus canon 12, cité par Pernety, *Les Fables égyptiennes et grecques dévoilées* tome I p. 42.
2   C. G. Jung, *Aïon*, p. 287, Albin Michel.

Emblèmes

Emblème XXVI.

« Le fruit de la Sagesse humaine est l'arbre de vie ».

A connaissance du Grand Œuvre, la réalisation du corps glorieux, voilà le fruit de l'Arbre de Vie qui échoit à celui qui a épousé la sagesse hermétique.

La sagesse est la connaissance qui révèle les *Arcanes de l'Alchimie par Mère Nature* et conduit au mystère de la transmutation du phénomène humain en une entité solaire qui s'actualise pleinement, totalement dans la dimension terrestre saturnienne du corps.

C'est non seulement la pleine réalisation du corps de lumière, mais la possibilité de l'Immortalité physique dans un corps dont l'intelligence profonde s'est mise en parfaite résonance avec la conscience de l'Univers. Alors il n'y a plus ni maladie, ni vieillesse, ni mort.

Le *lapis philosophorum* est la compréhension et la maîtrise du mystère de l'intelligence et de l'énergie inhérentes au corps.

Emblème XXXIX.

« Œdipe, ayant vaincu le Sphinx et mis à mort son père Laïus, fait de sa mère son épouse ».

E Sphinx qui effrayait Thèbes par ses énigmes symbolise la connaissance hermétique dont on dit que « là où les Sages présentent l'art hermétique sous des figures et énigmes allégoriques, c'est là qu'ils parlent le plus clairement ». Le mystère ne s'enseigne que par les mystères formulés dans un langage symbolique, allégorique car ce mode d'enseignement permet seulement à ceux qui sont qualifiés et à eux seuls de franchir les bornes de la raison discursive et dualiste et de percevoir la réalité.

La question du Sphinx : « Quel est l'animal qui marche sur quatre pieds le matin, sur deux à midi, sur trois le soir ? » nous indique par la réponse qu'elle appelle que l'homme est le sujet et l'objet du Grand Œuvre. Toutes les phases du processus : noir, blanc, et rouge, *Solve* et *Coagula* que nous indiquent le mythe d'Œdipe se déroulent dans la conscience et la physio-biologie de l'artiste.

Emblème XLII.

« A celui qui est versé dans la chymie, la nature, la raison, l'expérience et la lecture doivent tenir lieu de guide, de bâton, de lunettes, de lampe ».

OUR parvenir au Grand Œuvre du corps de lumière, le sage philosophe doit suivre les traces de Mère Nature et posséder :

- La conscience objective de l'état primordial. La connaissance des secrets de l'hermétisme ne se manifeste qu'à l'individu qui a réalisé la véritable nature de l'esprit, la présence, libérée des émotions perturbatrices et des saisies dualistes.

- Un maître-guide connaissant la voie et ses difficultés, ainsi que la pédagogie initiatique qu'il faut appliquer à la lecture des textes hermétiques.

- Un rattachement initiatique traditionnel qui soit un point d'appui : un bâton pour ne pas tomber en chemin.

- La vision pénétrante ou vision intuitive : des lunettes et une lampe allumée, sans lesquelles la voie n'est qu'obscurité.

La connaissance réellement opérative bien éloignée du simple savoir et de la spéculation intellectuelle, soit la sagesse, vient lorsque les éléments constitutifs de la personnalité relative et transitoire ont atteint un degré suffisant de pureté qui rend possible la perception de la luminosité de la conscience et développe la clairvoyance nécessaire à la compréhension, qui est un "voir" de tous les stades opératoires du Grand Œuvre. Connaître procède d'une vision directe dans la réalité lorsque les voiles qui obscurcissent la véritable nature de l'esprit ont été purifiés. Grâce à la vision intuitive et à la sensation, l'adepte peut entrer en communication avec l'intelligence du corps et s'y maintenir au cours de la mise en application des procédures énergétiques et substantielles de l'art interne, de sorte que toute vie cellulaire déficiente soit régénérée, reprogrammée dans un sens libéré des limitations de la forme humaine, et exalté en direction de la plénitude de la vie solaire.

Emblème XXVII.

« Celui qui tente d'entrer sans clé dans la Roseraie des Philosophes, est comparé à un homme qui veut marcher sans pieds ».

POUR pénétrer dans la Roseraie des Sages, il faut la clé unique, qui est commune bien qu'ignorée de la plupart.

Voilée à la vue des hommes, elle est cependant omniprésente et permet d'ouvrir les trois serrures situées l'une au-dessous de l'autre sur un axe vertical et symboliquement représentées par un carré, un triangle, un cercle.

De plus, il nous faut posséder en abondance trois énergies et trois substances figurées dans cet emblème par les trois pyramides qui surmontent le fronton de la porte.

Alors il est possible d'entrer à l'intérieur du jardin des philosophes. Sa beauté et son ordre nous indiquent que la quête n'est pas une affaire de hasard et d'improvisation, mais relève d'une ascèse techniquement précise, inaccessible à l'homme sans pied ni main, dénué d' "ÊTRETÉ", de pouvoir d'action et de création, dissout et sujet à toutes les illusions phénoménales, incapable d'entrer en communication avec l'intelligence fondamentale du corps pour y cultiver jusqu'à la perfection les roses aux cinq couleurs : noire, verte, blanche, jaune, rouge, et en transmuter les essences élémentaires en quintessence : l'élixir de longue vie, nourriture principale de la pierre lunaire pour la transformer en pierre solaire par la rubification.

Emblème XXIX.

« Comme la salamandre, la Pierre vit du feu ».

A salamandre philosophique est le feu secret différent du feu élémentaire. Elle doit être réveillée et domptée sans violence dans la cave de Saturne.

Sans son aide, l'artiste ne peut produire la quintessence, l'élixir d'or.

Peu sont capables de la découvrir et de l'apprivoiser, mais ceux qui y parviennent sont bénis des dieux.

Emblème XVII.

« Le quadruple globe régit cette œuvre du feu ».

ECI est le mystère du feu par lequel tous les éléments internes doivent être purifiés et transmutés. Alors la pure énergie essentielle des éléments se manifeste par des visions et photismes de lumière aux couleurs variées et plus particulièrement par la naissance de l'Ibis.

Emblème XXXVI.

« La Pierre a été projetée à terre et exaltée sur les montagnes ; elle habite dans l'air et se nourrit dans un fleuve qui est le Mercure ».

ET emblème traduit les propriétés de l'agent primordial qui contient tous les éléments, se trouve et peut se transformer en chacun d'eux :

Terre : le sol

L'eau : le fleuve

L'air : la montagne

Le feu : l'atmosphère.

L'intelligence fondamentale se trouve dans tous les éléments constitutifs de l'entité humaine comme dans l'ovule et le spermatozoïde, l'ADN...

C'est là ce "mercure principal", l'agent essentiel et actif contenu dans tous les "mercures philosophiques", que tous les Sages recherchent et qui fait tout le magistère quand il est bien conduit. il est la clé qui ouvre les métaux (les cellules) et à l'aide duquel on extrait leurs teintures : Les substances internes dont les propriétés ont la possibilité de régénérer la substance cérébrale et donc d'agir sur l'ADN des neurones, à l'encontre de ce que la médecine classique reconnaît comme improbable sinon impossible en l'état actuel de ses connaissances. En fait, le fonctionnement du cerveau est bien trop complexe pour être compris avec un modèle strictement analytique tel celui de la médecine contemporaine.

Emblème III.

« Va trouver la femme qui lave du linge ; toi, fais comme elle »

L'exemple de cette femme nous montre qu'avant toute pratique opératoire, le Sage Philosophe se doit de confectionner son "eau de sainteté", l'eau mercurielle, l'eau-feu qui ne mouille pas les mains.

Dans la voie du corps de lumière, avant d'élaborer l'eau mercurielle, l'artiste doit tout d'abord purifier et stabiliser son mercure mental.

Emblème XXXVII.

« Trois choses suffisent pour le magistère : La fumée blanche qui est l'eau, le lion vert ou airain d'Hermès, et l'eau fétide ».

'eau de sainteté est composée de trois mercures philosophiques : le lion vert extrait au Soleil levant du fût d'un arbre de moins de sept ans soumis au feu, l'eau blanche et l'eau rouge.

Tous ces agents capables de régénérer la nature vulgaire de l'homme se tirent de matières communes, que tout homme riche ou pauvre possède.

Emblème XVI.

« Les plumes dont l'un de ces lions est dépourvu, l'autre les possède ».

ES fils d'Hermès emploient souvent l'image des lions en lieu et place des dragons pour désigner deux de leurs mercures philosophiques : l'un blanc ; l'autre rouge. Un de ces mercures a une qualité solaire indiquée par le lion pourvu de plumes d'aigle. Sa quintessence permet la résurrection du phénix.

Emblème XXI.

« Du mâle et de la femelle, fais un cercle,
puis de là un carré, et ensuite un triangle ;
fais un cercle et tu auras la Pierre des Philosophes ».

partir du couple, on réalise l'Un : le cercle ; l'agent primordial, l'eau mercurielle, qui contient les quatre éléments : terre, eau, air, feu : le carré, qui pouvant se transformer en chacun d'eux va adjoint à une juste proportion de nature du soufre, du mercure et du sel : le triangle du corps de l'âme et de l'esprit, permettre l'élaboration de la pierre philosophale : la sphère, le corps glorieux et solaire.

Par ce Grand Œuvre interne, l'adepte parcourt la voie du corps de lumière qui de la mort de la personnalité illusoire (noir) en passant par la parfaite purification (blanc) le mène au corps de conscience Solaire (rouge).

Emblème XXX.

« Le Soleil a besoin de la Lune comme le coq de la poule ».

OQ et poule, mâle et femelle, Soleil et Lune sont ici représentés dans leur nudité. Soleil et Lune doivent s'unir dans l'enclos des philosophes de Saturne pour élaborer l'eau mercurielle.

Emblème X.

« Donne du feu au Feu, du mercure à Mercure et cela te suffit ».

ANS la voie de l'alchimie interne, le sage utilise une eau de sainteté composée de trois mercures philosophiques dont l'un est de couleur blanche tandis qu'un autre est rouge.

« Notre œuvre est faite d'une racine et de deux substances mercurielles prises toutes crues, tirées de la minière nettes et pures, conjointes par le feu d'amitié »[1].

Pour recueillir chaque mois le dragon rouge né de la Lune, les meilleurs moments sont les conjonctions : Lune-Soleil, Mars-Vénus, Lune-Mars, Lune-Vénus.

La conjonction Soleil-Vénus est un aspect très favorable mais il ne se reproduit que tous les huit ans.

Le dragon rouge sous l'influence d'Hécate n'est pas utilisable car corrompu, par contre le dragon né au moment où la Lune est dans la voie combuste possède des pouvoirs merveilleux car à ce moment précis, le microcosme est en résonance avec la vierge céleste.

Au cours de cette opération qui se déroule dans le feu d'Uriel, l'artiste doit demeurer en conscience uni à l'Un dans la présence et la clarté de la conscience car le mercure retient et fixe les formes élaborées par l'esprit. De cet axiome, il faut apprendre à tirer toutes les conséquences alchimiques.

---

1 Trévisan, *Le Livre de la philosophie naturelle des métaux*, f°283.

Emblème XL.

« Des deux fontaines fais-en une seule : ce sera l'eau de sainteté ».

CI Michel Maier nous suggère d'unir le lait de la vierge à l'eau solaire du mâle, de faire une ces deux fontaines pour obtenir l'eau de sainteté. Bien qu'il y ait trois constituants, en fait ils se réduisent en essence à deux : le Soleil et la Lune.

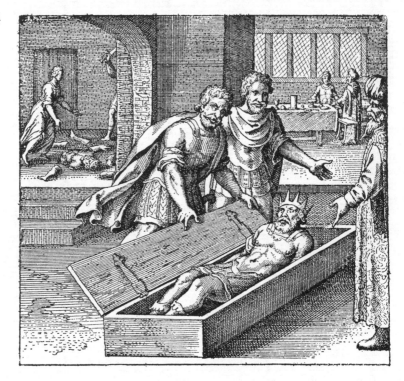

Emblème XLIV.

« Typhon tue Osiris par traîtrise et disperse ses membres mais l'auguste Isis les rassemble ».

E mythe d'Osiris résume les phases *Solve* et *Coagula* du Grand Œuvre. Osiris est le *neter* de l'ordre naturel qui détient les clés de l'éternel retour de la conscience dans le plan des incarnations terrestres. Il est le pouvoir potentiel de la "substance" intelligente de se manifester en tant que conscience solaire.

Seth-Typhon est l'expression du feu dissolutif de la matière qui opère la destruction des apparences —La Séparation du pur et de l'impur.

Isis magicienne de la nature, sœur d'Osiris et de Seth, par les larmes de sang cristallines et régénératrices de son amour, reconstitue le corps d'Osiris afin d'en extraire l'essence horienne pure et indestructible — Horus, le Corps Glorieux et Solaire.

Dans le mythe Osirien, Isis trouve le corps d'Osiris en Phénicie dans le tronc d'un tamarin dont les fleurs sont blanches et les racines rouges.

Emblème XX.

« La Nature enseigne à la Nature à combattre le Feu ».

ES mercures philosophiques du Soleil et de la Lune ne sont efficients qu'après que Mars et Vénus soient entrés ensemble dans le feu d'Uriel. Cette opération pour être correctement entreprise suppose que Python ait été effectivement terrassé. Mars cuirassé souligne l'impérieuse nécessité pour l'adepte d'avoir scellé les cinq sens et transcendé les identifications au monde phénoménal. Faute de quoi l'entrée dans le feu ardent et les mercures philosophiques ne pourraient être alchimiquement transformateurs.

Emblème IV.

« Unis le Frère et sa Sœur, et fais-leur boire le breuvage d'Amour ».

OUR que l'union du Soleil et de la Lune soit féconde, Mars et Vénus doivent être en conjonction dans le signe du Cancer, de sorte qu'une forte dynamisation des constituants de l'eau mercurielle puisse s'opérer grâce à l'inter-action des polarités. Un breuvage d'amour extrêmement puissant et vitalisé est ainsi obtenu dans des conditions parfaites d'élaboration qui le mettent à l'abri des effets destructeurs de l'air et de la lumière.

Emblème XV.

« Que l'œuvre du potier, qui se compose de sec et d'humide t'instruise ».

TOUT comme le potier qui travaille sa terre en gardant l'équilibre entre le sec et l'humide, le sage travaille sur lui-même en suivant la "voie du milieu", la voie gardée par Saturne, par laquelle, aidé de la roue, tout comme le potier emploie le mouvement, il conduit tout le déroulement du Grand Œuvre interne.

Emblème XXXIV.

« Elle est conçue aux bains, naît dans l'air et,
devenue rouge, marche sur les eaux ».

OUTE chose se fait par l'eau de sainteté, la copulation du Soleil et de la Lune. La conception se fait dans la "cave de Saturne", un lieu secret, à l'abri des regards indiscrets, dans l'obscurité, tout comme pour le fœtus dans la matrice de la femme.

Au moment où le Soleil interne est en Bélier, l'eau mercurielle est introduite dans l'athanor. Puis le vaisseau étant hermétiquement scellé, sous l'action du 5ᵉ feu énergétique de la roue, commence le combat féroce des deux dragons, au cours duquel se produit une forte chaleur et des vapeurs contenant l'essence du Soleil et de la Lune. Celle-ci, par capillarité, agit sur la pierre des philosophes : le sang qui contient en lui-même : soufre, sel, mercure.

« Hermès dit : Que le vaisseau soit bouché comme il se doit. Prends au commencement de ton œuvre parties récentes de la pré-mixtion ; mêle tout ensemble et le brûle une fois jusqu'à ce qu'ils soient ajustés comme par mariage et que la conception soit faite en eux dans le fond du vaisseau, et que génération de la chose engendrée se fasse dans l'Air.

Ce qui fait dire à Morien : Fais au commencement que la lumière rouge reçoive et prenne la fumée blanche dans un vaisseau fermé afin que rien ne puisse s'exhaler »[1].

Durant tout le cours de l'opération, il faut veiller à ne laisser échapper aucun gaz, à ne subir aucune perturbation mentale ou émotionnelle. Faute de quoi tout le processus avorterait.

Au cours de celui-ci, le sceau, la chaleur du corps, l'état de conscience approprié et le 5ᵉ feu de roue suffisent à assurer le déroulement de l'œuvre, dont les différentes étapes et effets se répercutent dans l'entité spirituelle et psycho-somatique du sage.

Ainsi, l'action de l'eau de sainteté sur la pierre des philosophes (le sang préalablement purifié) produit une élévation vibratoire et vitale du corps éthérique grâce à laquelle les organes du corps produisent une sublimation des énergies élémentaires, des "souffles" qui les constituent : le granule philosophique, la perle radiante, l'Ibis, l'embryon de la pierre philosophale interne qui du noir au rouge en passant par le blanc amènera l'adepte à la réalisation du corps glorieux et solaire.

---

1   Flamel, *Désir Désiré*, f°297.

Emblème XLIX.

« L'enfant des philosophes compte trois pères comme Orion ».

OUR venir au monde, l'embryon philosophique a besoin de la *materia prima* : le sang, Phœbus - Soleil (à gauche avec son arc et ses flèches), du feu énergétique interne, le yoga du feu secret : Vulcain (au centre avec son bonnet de forgeron), de l'eau de sainteté, l'eau mercurielle : Mercure (à droite avec son casque ailé).

Emblème I.

« Le Vent l'a porté dans son ventre ».

'embryon philosophique se forme de la sublimation des énergies élémentaires des fonctions organiques et se développe au point de réunion des souffles : le champ de cinabre inférieur.

Emblème VII.

« L'oisillon s'envole de son nid et y retombe »

U début de *Solve*, l'embryon philosophique naissant se manifeste d'une manière instable puis finalement se stabilise à l'endroit secret : "le nid".

Emblème II.

« La terre est sa nourrice »

'embryon philosophique est nourri et se coagule dans le centre inférieur : le champ de cinabre attribué à l'élément terre.

Emblème XLVII.

« Le loup d'Orient et le chien d'Occident se sont mutuellement mordus ».

ECI est un rappel du combat féroce des deux dragons évoqué lors du commentaire de l'emblème XXXIV.

Emblème XIX.

« Si des quatre tu en fais périr un, aussitôt tous seront morts ».

ANS la phase de *Solve*, l'essence de l'eau mercurielle conduite par le sang est absorbée par l'embryon philosophique. Les imbibitions répétées réduisent la terre fixe du corps saturnien en solution noire (*Nigredo*) tandis que l'excèdent volatil se fixe dans le corps éthérique. Le corps éthérique, à ce stade de l'œuvre est complètement régénéré et par conséquent une pleine vitalité est restaurée.

Sur cette base, l'embryon philosophique devenu adulte pourra croître, nourri par les éthers marqués désormais de la couronne d'or.

Emblème XXV.

« Le Dragon ne meurt que s'il est tué
par son Frère et sa Sœur, qui sont le Soleil et la Lune »

E dragon est l'eau de sainteté, vaincu par le Soleil et la Lune de la pierre des philosophes. Cette dernière absorbe son énergie jusqu'à le mener à la mort.

D'un autre point de vue, le dragon est le gardien du seuil que chaque candidat à l'adeptat doit affronter et vaincre pour réaliser l'indispensable purification de la personnalité illusoire, préalable obligé à toute voie alchimique.

Emblème XXXI.

« Le roi nageant dans la mer crie d'une voix forte :
Qui me sauvera obtiendra une récompense merveilleuse ».

la fin de la putréfaction, la mer rouge surnage le compôt saturnien. Une coloration or en ménisque entoure le sommet du mercure philosophique. Qui délivre le roi, s'empare de sa couronne, qui récupère la quintessence obtient l'élixir de longue vie : la régénération et vitalité optimum du corps éthérique.

Emblème XIV.

« Voici le Dragon qui dévore sa queue »

'Ouroboros, le dragon qui se mord la queue est l'expression de l'Un qui se dévore et s'engendre lui-même dans un parcours circulaire descendant : *Solve* ; et ascendant : *Coagula*.

C'est le mercure, le maître omniscient des chemins de la droite et de la gauche, des transformations nées de l'union du Soleil et de la Lune.

De son sang, l'artiste obtient la quintessence de l'or.

Emblème V.

« Place un crapaud sur le sein de la femme pour qu'elle l'allaîte et meure et que le crapaud soit gros de lait ».

OUS l'action du feu secret le compôt évolue en prenant différentes couleurs : citrine, marron foncé, peau de léopard, brun, queue de paon, noire.

Une fois coupée la "tête du corbeau", c'est-à-dire que sur le plan interne, la quintessence, le corps d'éther, pur et régénéré a été produit, l'Ibis encore à l'état végétatif (le crapaud) doit être soumis à l'air (procédure respiratoire particulière à ce stade de l'œuvre), puis une fois l'humidité superflue ôtée, nourri du lait de la femme (l'eau mercurielle) pour croître jusqu'au blanc virginal.

Emblème XXXV.

« Par Céres et Thétis leurs mères, Triptolème et Achille furent accoutumés à rester dans le feu. L'artiste agit de même avec la pierre ».

CHILLE représenté gisant inanimé est le fils de Pelée, époux de Thétis. Il est aussi Triptolème enfant dont Cérès, déesse de l'agriculture, fût la nourrice.

Alchimiquement, Achille est le granule philosophique : Triptolème qu'il faut nourrir du lait virginal, de l'eau-feu qui ne mouille pas les mains, jusqu'au temps de la moisson, moment de la récolte du blé, avec lequel le pain blanc et l'Eucharistie sont préparés, dûment cuit au feu.

Emblème XII.

« La Pierre que Saturne avait dévorée à la place de son fils Jupiter et qu'il avait vomie est posée sur l'Hélicon, monument pour les mortels ».

ET emblème évoque le parcours de la pierre blanche qui doit passer par les stades opératoires de Saturne et Jupiter avant d'être déposée sur le mont Hélicon consacré au dieu solaire Apollon.

Sous l'action de l'eau sainte, la terre hermétique produit son fils Jupiter, la pierre au stade végétatif qui, à ce stade de l'œuvre est ensuite soumise au souffle pour être asséchée avant d'être lavée par l'eau mercurielle : les sept bains de Naaman.

Emblème XIII.

« L'airain des sages est hydropique et il veut être lavé sept fois dans le fleuve comme Naaman le lépreux dans le Jourdain ».

ORSQUE l'embryon philosophique est au stade végétatif, de profondes modifications physio-biologiques et psychologiques se produisent dans le corps et la conscience de l'adepte. C'est à ce stade que l'humidité superflue : pulsions de l'inconscient, émotions résiduelles, se manifestent subtilement et qu'elles doivent être résolues par la présence de la conscience associée à une pratique respiratoire précise qui aura pour effet d'assécher les eaux. Parfois ces mutations internes peuvent rendre réellement hydropique et créer un état physiologique végétatif oscillant entre le sommeil et la somnolence. Cette phase dite de la "végétation" dure souvent plus longtemps que toute autre.

Lorsque la dessiccation est atteinte : "le loup gris", l'artiste soumettra la pierre aux 7 bains de Naaman pour parvenir au stade de l'Ibis lunaire.

Emblème XXII.

« Après t'être procuré du plomb blanc, opère l'œuvre des femmes, c'est-à-dire cuis ».

CI est indiqué la première coagulation, le premier bain de "Naaman".

Le plomb blanc est l'étain attribué à Jupiter et indique le début de l'œuvre au blanc après la végétation.

Emblème XI.

« Blanchissez Latone et déchirez vos livres »

ATONE est une étape dans l'évolution de la pierre. Elle fait suite au "loup gris" et se rapporte aux "bains de Naaman".

Au fur et à mesure des lavations, l'Ibis croît et se développe en passant par différentes couleurs souvent perçues par l'artiste comme la vision de photismes colorés. Puis enfin il se stabilise et devient d'un beau blanc lunaire. C'est le "cygne", la "colombe de Diane", la "pierre au blanc", "l'argent philosophique", "l'Ibis lunaire".

A ce stade de l'œuvre, les livres traitant de théorie sont devenus inutiles et il convient de ne se fier qu'à sa seule vision intuitive et expérimentation.

Emblème XXXIII.

« L'hermaphrodite, semblable à un mort
et gisant dans les ténèbres a besoin du feu ».

ORSQUE la Lune figurée à l'arrière plan de l'emblème paraît, c'est la fin de *Solve*, la mort a été vaincue.

La pierre des philosophes, parce qu'elle contient les deux natures : le Soleil et la Lune, est dite androgyne.

Née de l'union des souffles et par la fusion des éléments dans l'endroit secret, sa croissance amène à la vision de la clarté blanche de la Lune, avant que n'apparaisse le Soleil rouge du corps de conscience solaire.

Cet emblème nous indique que l'Ibis lunaire est arrivé à maturité et que le moment est venu de le soumettre au feu des Noces Alchimiques.

Emblème XXIV.

« Le loup a dévoré le roi, et, consumé, il l'a rendu à la vie ».

E roi, l'embryon philosophique, soumis au régime du loup lunaire : l'eau mercurielle après la mort des éléments, amène au loup solaire, à la quintessence, à la régénération du corps éthérique, base du développement de l'embryon jusqu'au stade de la pierre philosophale : le corps glorieux.

Emblème XXIII.

« Il pleut de l'or tandis que Pallas naît à Rhodes et que le Soleil partage la couche de Vénus ».

ET emblème évoque la pratique des Noces Alchimiques au cours desquelles l'union du Soleil et de Vénus provoque la remontée du serpent de feu jusqu'au centre crânien où s'opère la coagulation solaire de la conscience : "la pluie d'or".

Pallas, déesse des arts et des sciences naît à Rhodes réputée par l'abondance de ses serpents d'où le nom d'Ophiouse (Ophite) qui était le sien. A noter que, dans cette île, de nombreux rosiers fleurissent !

Emblème XLVI.

« Deux aigles venus l'un de l'Orient, l'autre de l'Occident se rencontrent ».

E roi Jupiter tient un aigle blanc et un aigle rouge indiquant les deux phases fondamentales du développement de l'Ibis : lunaire et solaire.

Emblème XLV.

« Le Soleil et son ombre achève l'œuvre ».

U terme des 28 mois philosophiques, seul le Soleil dans la cave de Saturne achève l'œuvre.

Emblème XLI.

« Adonis est tué par un sanglier : Vénus accourt vers lui et teint les roses de sang ».

 ET emblème figure la mort d'Adonis tué par un sanglier.

Vénus qui avait pour lui de l'amour se précipite sur le lieu funeste. Dans sa hâte un rosier blanc la blesse à la jambe. Le sang en jaillit et teinte les fleurs blanches en rouge. Lorsque Vénus trouve Adonis, elle cache le corps sous de douces laitues vertes :

Adonis est le compôt noir, fruit de l'inceste de Cyniras (le Père) avec Myrrha (sa fille), conçu la nuit (stade de la putréfaction).

Lorsque Cyniras abusé par sa fille Myrrha la reconnut, il entra en une violente colère et voulut la tuer. Myrrha se réfugia en Syrie pour y mettre au monde Adonis.

Vénus tomba follement amoureuse d'Adonis suscitant de Mars une féroce jalousie. Ce dernier demanda à Diane d'envoyer un sanglier furieux pour tuer Adonis.

Lorsque Vénus retrouva le corps d'Adonis, elle fit l'impossible pour le ramener à la vie, mais en vain. Devant son échec, elle changea Adonis en une magnifique anémone rouge : la pierre au rouge.

Cette allégorie est l'exacte transposition des aventures d'Isis et d'Osiris et nous enseigne la succession chronologique des couleurs fondamentales de l'œuvre : noir, blanc et rouge.

— L'obtention du noir est indiquée par l'union de Cyniras (le roi mâle) et de Myrrha (la femelle).

Cyniras en grec signifie : "se lamenter" ce qui suggère une chose triste : le compôt noir, et Myrrha : "je coule, je distille", soit l'eau des sages.

Adonis, né de l'union des deux est l'eau solaire, la quintessence, cachée dans le sein du compôt.

Myrrha s'enfuyant en Syrie, indique les conditions de passage du noir au blanc, l'assèchement de l'humidité superflue.

Les roses blanches marquent l'œuvre au blanc, la "barbe blanche de l'"Eternel", la blancheur capillaire obtenue par la puissance du mantra grâce auquel trois sont Un.

Les roses devenues rouges par le sang de Vénus indiquent la phase de rubification par l'aliment carné, le règne de Vénus (orangé) puis de Mars (rouge).

Cet emblème souligne l'importance du sang récupéré à l'état pur : "dans les sangs sont les vies".

Emblème VIII.

« Prends l'œuf et frappe-le avec un glaive de Feu ».

CI est indiqué le début de l'œuvre de rubification.

Emblème XXXVIII.

« Le rébis, comme hermaphrodite, naît de deux montagnes :
celle de Mercure et celle de Vénus ».

ERCURE (Hermès), androgyne, eSt né de Vénus (Aphrodite).

La pierre lunaire féminine, née sur le mont de Vénus, précède chronologiquement la pierre solaire masculine, née sur le mont Hermès.

La pierre philosophale rouge, le rébis totalement formé, occulte la présence de la pierre lunaire blanche. Le rébis eSt donc homme et femme né de deux Montagnes, la pierre blanche et la pierre rouge.

Emblème VI.

« Semez votre or dans la Terre blanche feuillée ».

E sage philosophe sème des pièces d'or figurant le mercure philosophique teingeant dans la terre blanche feuillée : la pierre fixée au blanc.

Cet emblème enseigne l'art d'utiliser le sang du dragon, l'aliment carné, la teinture de l'or pour rubifier et nous indique en même temps que l'art royal est comparable aux opérations de l'agriculture qui permettent de multiplier les semences et de les faire croître à l'infini.

Emblème XXVIII.

« Le roi se baigne, assis dans le bain laconien, il est délivré de sa bile par Pharut ».

E Roi est la pierre au rouge issu de Saturne et de la Lune. Sous l'effet d'une chaleur douce et continue, elle absorbe l'aliment carné en éliminant l'humeur liquide : la bile.

Emblème L.

« Le dragon tue la femme et la femme le dragon, tous deux sont inondés de sang »

E dragon solaire, l'esprit de vie quintessence des éléments étreint la femme lunaire. l'un et l'autre disparaissent dans la mort tandis que de leur union naît le phénix.

Emblème XXXII.

« Comme le corail croît sous les eaux et durcit à l'air, ainsi fait la Pierre ».

A croissance du corail illustre bien visuellement celle de la pierre, du phénix, comme les différentes couleurs des coraux : noirs, blancs, rouges traduisent parfaitement les 3 couleurs principales du Grand Œuvre.

Emblème XVIII.

« Le feu arrive à enflammer, l'or à transformer en or ».

OUTE chose se reproduit dans le monde au moyen de la projection de son sperme ou semence, quel que soit le règne concerné.

Emblème IX.

« Enferme l'arbre et le vieillard dans une maison pleine de rosée ; ayant mangé du fruit de l'arbre, il se transformera en jeune homme ».

ET emblème désigne très directement le petit arcane naturel de la voie interne, dite des «substances», et suggère plus particulièrement les conditions propices au processus de régénération.

Emblème XLVIII.

« Le roi, ayant bu des eaux, a contracté un mal et, soigné par les médecins, il obtint la santé ».

CI se trouvent figurées les vertus régénératrices de l'élixir lunaire et solaire.

L'arrière-plan nous présente un roi malade des eaux alité à qui l'on présente l'élixir lunaire.

Revivifié, au premier-plan, se tient le même roi prêt à consommer l'élixir solaire qui purge le sang, évacue les toxines de l'organisme par toutes les voies naturelles et les émonctoires.

Il pourra ainsi revêtir le manteau royal et incorruptible.

Emblème XLIII.

« Prête l'oreille au vautour qui parle, il ne te trompe nullement ».

E vautour, oiseau de proie de la nature de l'aigle, crie : « Je suis le noir, le blanc, le jaune et le rouge ». Il est la pierre (la montagne) qui se transforme sous l'action du feu secret. Il traduit également le Soleil dominant Saturne (le corbeau), le souffle solaire éternel qui anime les os de l'adepte ayant réussi l'ascension de la montagne sainte ; le mont "OM" du plus lointain minuit où se trouve l'axe polaire du monde, lieu de la cité des immortels dragons. Io ! Io ! Io !

Table des Emblèmes

La voie alchimique du Corps de Gloire	1
Emblème XXVI.	16
Emblème XXXIX.	18
Emblème XLII.	20
Emblème XXVII.	22
Emblème XXIX.	24
Emblème XVII.	26
Emblème XXXVI.	28
Emblème III.	30
Emblème XXXVII.	32
Emblème XVI.	34
Emblème XXI.	36
Emblème XXX.	38
Emblème X.	40
Emblème XL.	42
Emblème XLIV.	44
Emblème XX.	46
Emblème IV.	48
Emblème XV.	50
Emblème XXXIV.	52
Emblème XLIX.	54
Emblème I.	56
Emblème VII.	58
Emblème II.	60
Emblème XLVII.	62
Emblème XIX.	64
Emblème XXV.	66
Emblème XXXI.	68

Emblème XIV. 70
Emblème V. 72
Emblème XXXV. 74
Emblème XII. 76
Emblème XIII. 78
Emblème XXII. 80
Emblème XI. 82
Emblème XXXIII. 84
Emblème XXIV. 86
Emblème XXIII. 88
Emblème XLVI. 90
Emblème XLV. 92
Emblème XLI. 94
Emblème VIII. 96
Emblème XXXVIII. 98
Emblème VI. 100
Emblème XXVIII. 102
Emblème L. 104
Emblème XXXII. 106
Emblème XVIII. 108
Emblème IX. 110
Emblème XLVIII. 112
Emblème XLIII. 114

Ce livre,
a été achevé de composer le 7 janvier 1991
par Patrick Bunout en Albertan corps 12,
enrichi des initiales de Frederic W. Goudy.
Les emblèmes gravés par Jean Théodore de
Bry sont extraits de l'édition de 1618 de
l'*Atalanta Fugiens, hoc est Emblemata nova
Secretis Naturæ Chimicæ*.

Achevé d'imprimé sur les presses d'Édipoint
Janvier 1991

Dépôt légal : 1ᵉʳ trimestre 1991